KB210219

민족사
사경 시리즈 3

사경 독송
한글 한문

아미타경

극락왕생 기도 공덕

민족사

사경 공덕과 의미에 대하여

사경의 목적

　사경(寫經)이란 경전을 직접 베껴 쓰는 것, 즉 필사(筆寫)하는 것을 말합니다. 사경의 유래는 부처님 말씀을 전하기 위하여 시작되었습니다. 과거 인쇄술이 없던 시대는 직접 사람이 베껴서 전하거나 읽는(독송) 방법밖에 없었습니다. 그 후 경전은 목판에 판각(板刻)하여 간행하게 되었으나, 여전히 공덕·복덕 개념에 힘입어 많은 사경이 이루어졌습니다.

　사경의 첫 번째 목적은 부처님 말씀을 널리 유포하고자 하는 것이고, 두 번째 목적은 경전을 사경함으로써 얻게 되는 공덕·복덕·기원입니다. 세 번째는 사경을 하고 나면 기쁜 성취감과 행복감을 갖게 됩니다.

　가족이 액난 없이 행복해지기를 바라는 마음에서 사경을 하기도 하고, 돌아가신 부모나 조상의 천도를 위해 사경을 하기도 합니다. 정성을 다해 경전을 사경하는 것은 선업(善業)을 쌓는 최상의 길이라고 할 수 있습니다.

사경의 공덕

　사경 공덕에 대하여 《대방광불화엄경(大方廣佛華嚴經)》〈금강

당보살품)에서는 "만일 어떤 사람이 경전을 베껴 쓴다면(寫經), 이것은 곧 부처님 법을 지키기 위한 것이기 때문에, 헤아릴 수 없는 공덕을 받는다."라고 하였습니다.

또 《묘법연화경(법화경)》〈법사공덕품〉에서는 "만약 어떤 사람이 이 법화경을 수지(受持)·독송하고, 설하거나 사경(寫經)하면 이 사람은 마땅히 안(眼)·이(耳)·비(鼻)·설(舌)·신(身)·의(意) 육근이 모두 다 청정하고 건강해질 것이다."라고 하였습니다. 그 밖에도 《증일아함경》 1권 〈서품(序品)〉에서는 "만약 어떤 사람이 경전을 사경한다면, 그는 헤아릴 수 없는 무량한 공덕과 복을 받는다."고 하였습니다.

이상과 같이 여러 경전을 보면, 경전을 사경하는 공덕과 복덕이 헤아릴 수 없으며, 항상 부처님께서 보호해 주고, 모든 액난과 어려움을 면하게 해 준다고 설하고 있습니다.

사경은 마음을 정화하는 으뜸 방법

사경은 경전의 내용을 한 글자 한 글자 베껴 쓰는 것인데, 이것은 경전을 독송하는 공덕이 되고, 동시에 경전의 내용을 알게 되는 것이기도 합니다. 또한 사경 삼매(집중)를 통해 마음이 정화되며, 사경한 경전을 다른 사람에게 보시하면 그것은 곧 법보시를 하는 것이 되므로 더욱 공덕이 크다고 할 수 있습니다.

무착보살은 사경을 하면 다섯 가지 공덕이 있다고 말씀하였습니다. 첫 번째는 여래, 부처님을 친견할 수 있고, 두 번째는 복덕을 얻을 수 있고, 세 번째는 경전을 사경·찬탄하는 것 역시 수행이며, 네 번째는 많은 천인(天人)들로부터 공양을 받게 되며, 다섯 번째는 모든 죄가 소멸된다고 하였습니다.

그 밖에도 사경을 하면 몸과 마음, 정신이 맑아지고, 생각하는 것, 판단력도 정확해집니다. 특히 어려움이 닥치면 대부분 정신이 혼미하여 판단력을 상실하게 되는 경우가 많은데, 이때 사경을 하면 마음이 안정되고, 상황판단을 제대로 함으로써 어려움을 극복하게 됩니다.

특히 사업에 실패하신 분들은 반드시 사경을 하십시오. 그러면 새롭게 일어나 성공할 수 있습니다. 승진을 원하는 분도 마찬가지입니다. 살다 보면 그 누구든 어려움이 있기 마련입니다. 이때 사경을 하면 부처님의 가피로 마음이 안정되고, 명석한 판단력을 갖추게 되어 어려움을 극복하고 성공으로 나아갈 수 있습니다.

위와 같이 경전을 베껴 쓰는 사경은 많은 공덕·복덕이 있습니다. 이 좋은 사경 인연을 소중히 여기고 경건하고 공손한 태도로 환희심·감사심·자비심으로 사경을 하면 참으로 행복한 삶이 열릴 것입니다.

사경 자세와 마음가짐

1. 먼저 손을 깨끗이 씻고 단정히 앉아서 향을 피우고, 약 1~2분 동안 명상, 즉 마음을 가다듬은 다음 사경을 해야 합니다. 마음에 잡념이 있는 상태에서 사경을 하면 삐뚤삐뚤 글씨가 흐트러지게 됩니다.

2. 책상에서 바른 자세로 사경하는 것이 좋습니다. 바닥에 엎드려서 하면 쓰기는 편리한데 디스크, 고관절 등 허리병을 유발할 수 있습니다. 허리에 무리가 가지 않도록 사경해야 합니다.

3. 책상 위를 깨끗하게 정리 정돈한 다음 사경을 해야 합니다. 주변이 어지러우면 마음도 차분히 가라앉지 않게 되고 너저분한 환경에서는 사경이 잘 안 됩니다.

4. 가능한 한 붓이나 붓펜으로 사경을 하는 게 좋습니다. 대체로 붓이나 붓펜이 사경의 서체와 맞고, 일반 펜보다 더욱 정성을 기울여서 해야 하기 때문입니다·정서(正書, 바르게), 정서(淨書, 깨끗하게)로 사경을 마치고 나면 더욱 기쁨을 느끼게 되고, 사경한 경을 보관하고 싶은 마음도 들고, 보시하기도 좋습니다.

5. 사경 전 명상을 할 때는 마음속으로 "나무 석가모니불", "나무 아미타불", "나무 관세음보살" 등을 열 번 외우십시오.

6. 독송하면서 사경을 하면 독송 공덕과 사경 공덕을 함께 받게 됩니다. 또한 부처님 말씀의 참뜻을 되새기면서 알아차릴 수 있어서 더욱 좋은 방법입니다. 즉 사경이 경전을 공부하는 방법이 되기도 합니다.

7. 어느 경전이든 한 번에 사경을 완료할 수는 없습니다. 여러 번 해야 완성하게 되는데, 그럴 때는 사경하고 있는 경전을 깨끗한 곳, 높은 곳에 보관해 두어야 합니다. 완성한 뒤에도 부처님 말씀이 담겨 있으므로 마찬가지입니다. 낮은 곳에 두면 오염되기 쉽기 때문입니다.

8. 사경을 시작할 때, 그리고 사경을 한 다음에 합장하고 이 사경집의 끝에 있는 발원문을 쓰고 외우시면 좋습니다.

개경게 開經偈

무상심심미묘법　無上甚深微妙法
백천만겁난조우　百千萬劫難遭遇
아금문견득수지　我今聞見得受持
원해여래진실의　願解如來眞實義

최고로 깊고 미묘한 법(진리)을
백천만겁 지난들 어찌 만날 수 있으리.
제가 이제 듣고 보고 받아 지니니
부처님의 진실한 뜻 알아지이다.

개법장진언 開法藏眞言

옴 아라남 아라다
옴 아라남 아라다
옴 아라남 아라다

불교전문 출판사 민족사 사경 시리즈 특징
(민족사 02-732-2403~4)

"이 경전(금강경)을 베껴 쓰고(書寫), 받아 지니고(受持), 읽고 외우고(讀誦),
나아가 다른 이들에게 설명해 준다면 그 공덕은 이루 말할 수가 없느니라."(금강경)

첫 번째, 가장 큰 특징은 글씨가 크고, 한 권 속에 번역(한글)과 원문(한문), 그리고 한자 독음(讀音)까지 달려 있다는 것입니다. 글씨도 붓글씨 서체인 궁서체로 편집되어 있어서 사경을 하기가 매우 좋고, 인쇄 농도 조절을 잘 맞추어서 사경은 물론 독송도 충분히 가능하다는 것입니다.

두 번째, 앞부분에 '사경 공덕과 의미에 대하여', '사경 자세와 마음가짐', 사경 방법, 사경 시 주의 사항, 그리고 사경을 마친 뒤에 하는 '사경 공덕 발원문'이 끝에 첨부되어 있습니다. 그래서 혼자서도 누구나 사경을 할 수 있도록 이끌어 주고 있습니다. 특히 '사경의 목적'과 '사경의 공덕' 등 자세한 안내는 처음 혼자 사경을 하는 불자들에게 확실한 길잡이가 되고 있습니다.

세 번째, 책장이 잘 넘어갈 수 있도록 제본(실 제책)되어 있습니다. 책장이 잘 넘어가지 않으면 사경을 하는 데 매우 불편합니다. 이것이 민족사 사경용 경전의 장점입니다.

네 번째, 표지 디자인이 매우 좋습니다. 표지에는 불교의 이미지를 담고 있고 색상도 밝고 산뜻해서 선물용으로도 손색이 없습니다.

누구나 사경 방법과 의미, 주의 사항 등을 숙지한 다음 정성을 다해 한 자 한 자 쓰고 읽으면 근심, 걱정 등 번뇌가 사라지고 마음의 평안을 얻게 됩니다. 동시에 부처님께서 말씀하신 경전을 사경(寫經), 독송하면 그 공덕으로 인하여 모든 액난을 물리칠 수 있고 어려움을 극복하게 됩니다. 이것이 사경의 가장 큰 공덕입니다.

	민족사 사경 시리즈	주 제	가 격
❶	금강반야바라밀경(한글)	지혜 성취 기도 공덕	8,500원
❷	금강반야바라밀경(한문)		8,000원
❸	아미타경(한글·한문)	극락왕생 기도 공덕	7,500원
❹	관세음보살보문품(한글·한문)	고난 소멸 기도 공덕	7,500원
❺	부모은중경(한글·한문)	효행 기도 공덕	8,500원

*기타 경전도 계속 간행 예정입니다.

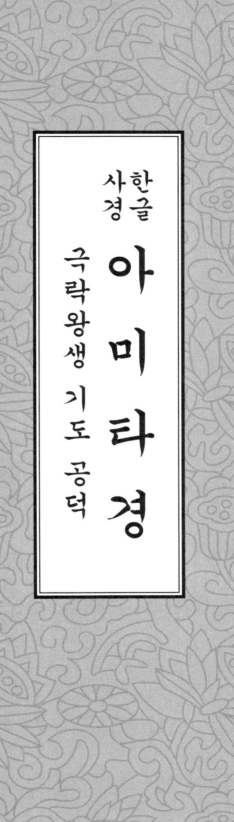

한글
사경

아미타경

극락왕생 기도 공덕

아미타경
阿彌陀經

이와 같이 나는 들었다.

어느 때 부처님께서 사위국 기수 급고독원에서 천이백오십 인의 비구들과 함께 계셨는데, 그들은 모두 덕이 높은 아라한으로 널리 알려진 이들이었다.

장로사리불, 마하목건련, 마하가섭, 마하가전연, 마하구치라, 이바

다, 주리반타가, 난다, 아난다, 라
후라, 교범바제, 빈두로파라타, 가
류타이, 마하겁빈나, 박구라, 아누
룻다로 이들은 모두 대 제자들이
었다.

또 문수사리법왕자를 비롯하여 아
일다보살, 건타하제보살, 상정진보
살 등 대보살과 석제환인 등 수많
은 천인(天人)들도 함께 자리를 했
다.

그때 부처님께서 장로 사리불에게
말씀하셨다.

"사리불이여, 여기에서 서쪽으로

10만 억 불토를 지나서 세계가 있으니, 그 이름이 극락세계이니라. 거기에 부처님이 계시는데, 그 이름이 아미타불이시다. 지금 현재에도 계시면서 법을 설하시느니라.

사리불이여, 그 세계를 어떤 까닭으로 극락이라고 하는가. 그 세계에는 일체 괴로움이란 없고, 오로지 모두 즐거운 일만 있는 까닭에 이름을 극락(極樂: 지극히 즐거운 세계)이라 하느니라.

사리불이여, 그 극락세계에는 일곱 겹으로 된 난간과 일곱 겹으로 된 그물망과 일곱 겹으로 된 가로수가 줄지어 있다. 그리고 네 가지 보물로 가득해 있기 때문에 극락이라고 하느니라.

또 사리불이여, 그 극락세계에는 일곱 가지 보물[七寶]로 만들어진 연못이 있는데, 그 가운데에는 여덟 가지 공덕을 갖춘 팔공덕수(八功德水)가 가득 차 있느니라. 연못 바닥에는 금모래가 깔려 있고, 그 연못 둘레에 있는 사방의 계단은 금·은·유리·파려 등으로 이루어져 있느니라.

또 그 위에는 누각이 있는데, 금·은·유리·파려·자거·적진주·마노 등으로 꾸며져 있느니라. 연못 속에는 수레바퀴만한 큰 연꽃이 피어 있는데, 푸른색 연꽃[青蓮]에는 푸른 광채가 빛나며, 노란색 연꽃[黃蓮]에는 노란색 광채가 나며, 붉은 연꽃[紅蓮]에는 붉은 광채가 나고, 흰 연꽃[白蓮]에는 흰 광채가 나오는데, 모든 연꽃이 매우 아름답고 향기롭고 맑다. 사리불이여, 이와 같이 극락세계에는 공덕 장엄으로 이루어져 있느니라.

또 사리불이여, 저 불국토(극락)에는 항상 천상의 음악이 연주되고 있고, 대지는 황금으로 이루어져 있으며, 밤낮으로 각각 여섯 번(하루 12번) 만다라 꽃비가 내리느니라.

그리고 그곳의 중생들은 항상 아침마다 바구니에 아름다운 꽃을 담아 다른 세계로 다니면서 10만 억이나 되는 많은 부처님께 꽃 공양을 올린다. 그리고 공양 때가 되면 본래 있던 곳으로 돌아와서 공양을 하고, 공양을 마친 다음에는

경행(經行: 산책)을 하느니라. 사리
불이여, 극락세계는 이와 같이 공
덕 장엄으로 이루어져 있느니라.
또한 사리불이여, 그 극락세계에는
항상 아름답고 기묘한 여러 가지
빛깔을 가진 새들이 있는데, 하얀
백학, 공작새, 앵무새, 사리새, 가
릉빈가, 공명조 등이 밤낮으로 각
각 여섯 번(하루 12번) 아름답고 청
아한 소리로 노래하느니라.
이 새들의 노랫소리는 오근(五根)
과 오력(五力)과 칠보리분(七菩提
分)과 팔정도(八正道)를 설하는 소

리니라. 그 세계의 중생들은 이 새들의 소리를 듣고는 모두 부처님을 생각하고(念佛), 그 가르침을 생각하며(念法), 스님들을 생각(念僧)하느니라.

사리불이여, 이 새들은 모두 축생이지만 죄업의 과보로 인하여 생긴 것으로 생각하지 말아라. 왜 그런가 하면 그 불국토(정토, 극락)에는 삼악도(三惡道)가 없기 때문이니라.

사리불이여, 그 불국토(정토, 극락)에는 삼악도라고 하는 이름도 없거늘 어찌 실제로 삼악도가 있겠느냐? 이 새들은 모두가 아미타불께서 가르침을 널리 펴기 위하여 여러 가지 새로 변화한 것이니라.

사리불이여, 그 불국토에는 미풍이 불면 보석으로 된 가로수와 그물에서 아름다운 소리가 흘러나오는데, 그것은 마치 백천 가지 악기로 합주하는 듯하느니라.

그리고 그 소리를 듣는 사람은 한결같이 모두 부처님을 생각(念佛)하고, 부처님의 가르침을 생각하며, 스님들을 생각할 마음이 저절로 일어나느니라. 사리불이여, 저 불국토(극락세계)는 이와 같은 공덕 장엄으로 이루어져 있느니라.

사리불이여, 그대는 어떻게 생각하는가? 저 극락세계에 계시는 부처님의 명호를 아미타불(阿彌陀佛)이라고 하는데, 어째서 아미타불이라고 하는지 알고 있는가?

사리불이여, 저 부처님의 광명이 모든 시방세계를 두루 비추지 않는 곳이 없기 때문에 그 이름을 아미타불이라고 하는 것이니라.

또한 사리불이여, 저 부처님(아미타

불)의 수명과 그 나라 사람들의 수명은 무한해서 끝이 없는 아승지겁인 까닭에 그 이름을 아미타불이라고 하는 것이니라. 사리불이여, 아미타부처님께서 성불하신 지는 이미 10겁이나 지났느니라.

또한 사리불이여, 저 아미타부처님께는 헤아릴 수도 없는 많은 성문(聲聞) 제자들이 있나니, 그들은 모두 성자인 아라한(阿羅漢)들이니라. 그들의 숫자는 어떠한 계산 방법으로도 알 수 없으며, 보살 대중의 숫자도 역시 그러하니라. 사리불이여, 저 극락세계는 이와 같은 공덕 장엄으로 이루어져 있느니라. 또한 사리불이여, 극락세계에 태어나는 중생들은 모두 불퇴전의 경지인 아비발치를 얻었으며, 그 가운데는 많은 사람들이 다음 생에는 반드시 부처로 태어날 수 있는 일생보처(一生補處)의 공덕을 이루었는데, 그 수가 매우 많아 산수(算數)로는 가늠할 수가 없으며, 한량이 없고 끝이 없어서 아승지겁이라고 말할 수밖에 없느니라.

사리불이여, 이 말을 들은 중생들

은 마땅히 저 극락세계에 가서 태어나기를 발원해야 할 것이니라. 왜냐하면 그곳에 태어나면 으뜸가는 사람들과 한 곳의 법회에서 함께 할 수 있기 때문이니라.

사리불이여, 적은 선근과 적은 복덕의 인연으로는 저 세계에 갈 수 없느니라.

사리불이여, 만약 선남자 선여인이 설법을 듣고, 아미타불의 명호를 굳게 지니어 하루나 이틀 혹은 사흘, 나흘, 닷새, 엿새, 이레(7일) 동안 한결같은 마음으로 흐트러지지 않는다면 수명이 다할 때에 아미타부처님께서 직접 여러 성인 대중[聖衆]들과 함께 그 사람 앞에 나타나실 것이니라.

이 사람이 임종할 때 한결같은 마음으로 계속 부처님을 생각[念佛]하면, 바로 아미타 부처님의 극락정토에 왕생하게 될 것이니라.

사리불이여, 나는 이와 같은 이익을 알기 때문에 이러한 말을 하는 것이니, 만약 어떤 중생이든지 이 말을 들으면 마땅히 저 극락세계에 가서 나기를 발원해야 하느니라.

사리불이여, 내가 지금 찬탄한 것과 같이 아미타불을 염원하면 헤아릴 수 없이 불가사의한 많은 공덕을 쌓게 되느니라.

또 동방에도 아촉비불, 수미상불, 대수미불, 수미광불, 묘음불 등 항하(갠지스강)의 모래알처럼 수많은 부처님이 계신데, 이 모든 부처님들도 각각 그 세계에서 광대하게 두루 삼천대천세계에 미치도록 법을 설하시느니라.

그러므로 너희 중생들은 마땅히 헤아릴 수 없는 아미타부처님의 공덕을 찬탄하고, 아미타부처님께서 호념(護念)하시는 경전을 믿을지니라.

사리불이여, 남방에도 일월등불, 명문광불, 대염견불, 수미등불, 무량정진불 등 항하(갠지스강)의 모래알처럼 수많은 부처님이 계신데, 이 모든 부처님들도 각각 그 세계에서 광대하게 두루 삼천대천세계에 미치도록 법을 설하시느니라. 그러므로 너희 중생들은 마땅히 헤아릴 수 없는 아미타부처님의 공덕을 찬탄하고, 아미타부처님께서 호념(護念)하시는 경전을 믿을지니라.

사리불이여, 서방세계에도 무량수불, 무량상불, 무량당불, 대광불, 대명불, 보상불, 정광불 등 항하(갠지스강)의 모래알처럼 수많은 부처님이 계신데, 이 모든 부처님들도 각각 그 세계에서 광대하게 두루 삼천대천세계에 미치도록 법을 설하시느니라. 그러므로 너희 중생들은 마땅히 헤아릴 수 없는 아미타부처님의 공덕을 찬탄하고, 아미타부처님께서 호념(護念)하시는 경전을 믿을지니라.

사리불이여, 북방세계에도 염견불, 최승음불, 난저불, 일생불, 망명불 등 항하(갠지스강)의 모래알처럼 수많은 부처님이 계신데, 이 모든 부처님들도 각각 그 세계에서 광대하게 두루 삼천대천세계에 미치도록 법을 설하시느니라. 그러므로 너희 중생들은 마땅히 헤아릴 수 없는 아미타부처님의 공덕을 찬탄하고, 아미타부처님께서 호념(護念)하시는 경전을 믿을지니라.

사리불이여, 하방세계에도 사자불,

명문불, 명광불, 달마불, 법당불, 지법불 등 항하(갠지스강)의 모래알처럼 수많은 부처님이 계신데, 이 모든 부처님들도 각각 그 세계에서 광대하게 두루 삼천대천세계에 미치도록 법을 설하시느니라. 그러므로 너희 중생들은 마땅히 헤아릴 수 없는 아미타부처님의 공덕을 찬탄하고, 아미타부처님께서 호념(護念)하시는 경전을 믿을지니라.

사리불이여, 상방세계에 있는 범음불, 수왕불, 향상불, 향광불, 대염견불, 잡색보화엄신불, 사라수왕불, 보화덕불, 견일체의불, 여수미산불 등 항하(갠지스강)의 모래알처럼 수많은 부처님이 계신데, 이 모든 부처님들도 각각 그 세계에서 광대하게 두루 삼천대천세계에 미치도록 법을 설하시느니라. 그러므로 너희 중생들은 마땅히 헤아릴 수 없는 아미타부처님의 공덕을 찬탄하고, 아미타부처님께서 호념(護念)하시는 경전을 믿을지니라.

사리불이여, 그대는 어떻게 생각하는가? 이 경전을 '모든 부처님께서 호념(護念)하시는 경전'이라고 부르는 이유를 아는가?

사리불이여, 만약 이 경전을 받아
지니는 선남자 선여인과 아미타부
처님의 명호를 들은 모든 선남자
선여인은 모든 부처님들께서 호념
하셔서 모두가 아뇩다라삼먁삼보
리(최고의 바른 깨달음)에서 물러나
지 않을 것이다. 그러므로 사리불
이여, 그대들은 마땅히 모두 내 말
과 여러 부처님의 말씀을 믿어야
하느니라.

사리불이여, 만약 어떤 사람이 이
미 아미타부처님의 세계에 왕생하

기를 발원하였거나, 또는 지금 발원하거나 혹은 장차 발원한다면 그들은 모두 아뇩다라삼먁삼보리에서 물러나지 않는 경지를 얻을 것이며, 그 국토에 이미 왕생했거나 지금 왕생했거나 또는 장차 왕생할 것이니라.

그러므로 사리불이여, 모든 선남자 선여인들로 믿음이 있는 사람은 마땅히 저 극락국토에 태어나기를 발원해야 하느니라.

사리불이여, 내가 지금 모든 부처님의 헤아릴 수 없는 공덕을 찬탄하는 것과 같이 저 부처님들도 나의 헤아릴 수 없는 공덕을 찬탄하시며, 이와 같이 말씀하셨느니라. '석가모니 부처님께서 매우 어렵고 희유한 일을 하셨다. 능히 사바세계의 오탁* 악세, 즉 겁탁(劫濁), 견탁(見濁), 번뇌탁(煩惱濁), 중생탁(衆生濁), 수명탁(壽命濁)의 시대에 모든 중생들을 위하여 아뇩다라삼먁삼보리를 얻고, 모든 중생들을

---

* 오탁(五濁) : 겁탁(劫濁) : 기근이 일어나고 악성 전염병이 유행하는 세상. 견탁(見濁) : 삿되고 악한 사상과 견해를 가진 자들이 세력을 얻는 세상. 번뇌탁(煩惱濁) : 남의 물건을 탐내며 권세와 명예에 욕심을 내는 세상. 중생탁(衆生濁) : 혼탁한 세상에 사로잡힌 시대. 명탁(命濁) : 사람의 수명이 점점 짧아져 가는 세상.

위하여 이처럼 믿기 어려운 법을 설하셨다'고 하셨느니라.
사리불이여, 마땅히 알아야 한다. 내가 이 오탁악세에서 수많은 어려운 수행 끝에 아뇩다라삼먁삼보리를 얻고, 일체중생을 위하여 이와 같이 믿기 어려운 법을 설하는 것은 어려운 일이니라."

부처님께서 이 경을 설하여 마치시니, 사리불을 비롯한 모든 비구들과 일체 세간의 천인들과 사람들, 아수라 등이 부처님의 법문을 들고, 기쁜 마음, 환희심으로 믿고 받아 지니면서 예를 올리고 물러갔다.

한문
사경

阿彌陀經

극락왕생 기도 공덕

아미타경
阿彌陀經

如是我聞 一時 佛在舍衛國 祇
여시아문 일시 불재사위국 기

樹給孤獨園 與大比丘僧 千二
수급고독원 여대비구승 천이

百五十人俱 皆是大阿羅漢 衆所
백오십인구 개시대아라한 중소

知識
지식

長老 舍利弗 摩訶 目乾連 摩訶
장로 사리불 마하 목건련 마하

迦葉 摩訶 迦㫋延 摩訶 拘絺羅
가섭 마하 가전연 마하 구치라

離婆多 周利槃陀伽 難陀 阿難
리바다 주리반타가 난다 아난

陀 羅睺羅 憍梵波提 賓頭盧頗
다 라후라 교범바제 빈두로파

羅墮 迦留陀夷 摩訶劫賓那 薄俱
라타 가류타이 마하겁빈나 박구

羅 阿㝹樓馱 如是等 諸大弟子
라 아누루타 여시등 제대제자

幷諸 菩薩摩訶薩 文殊師利 法
병제 보살마하살 문수사리 법

王子 阿逸多菩薩 乾陀訶提菩薩
왕자 아일다보살 건타하제보살

常精進菩薩 與如是等 諸大菩
상정진보살 여여시등 제대보

薩 及 釋提桓因 等 無量諸天
살 급 석제환인 등 무량제천

大衆俱
대중구

爾時 佛告 長老 舍利弗 從是西
이시 불고 장로 사리불 종시서

方 過十萬億佛土 有世界 名曰
방 과십만억불토 유세계 명왈

極樂 其土有佛 號阿彌陀 今現
극락 기토유불 호아미타 금현

40

在說法 舍利弗 彼土何故 名爲
재설법 사리불 피토하고 명위

極樂 其國衆生 無有衆苦 但受
극락 기국중생 무유중고 단수

諸樂 故名極樂
제락 고명극락

又 舍利弗 極樂國土 七重欄楯
우 사리불 극락국토 칠중난순

七重羅網 七重行樹 皆是四寶
칠중라망 칠중항수 개시사보

周匝圍繞 是故 彼國名曰 極樂
주잡위요 시고 피국명왈 극락

又 舍利弗 極樂國土 有七寶池
우 사리불 극락국토 유칠보지

八功德水 充滿其中 池底純以
팔공덕수 충만기중 지저순이

金沙布地 四邊階道 金銀琉璃
금사포지 사변계도 금은유리

頗梨合成 上有樓閣 亦以金銀
파리합성 상유누각 역이금은

琉璃頗梨車璩 赤珠馬瑙 以嚴
유리파리자거 적주마노 이엄

飾之 池中蓮華 大如車輪 青色
식지 지중연화 대여거륜 청색

青光 黃色黃光 赤色赤光 白色白
청광 황색황광 적색적광 백색백

光 微妙香潔 舍利弗 極樂國土
광 미묘향결 사리불 극락국토

成就如是 功德莊嚴
성취여시 공덕장엄

又 舍利弗 彼佛國土 常作天樂
우 사리불 피불국토 상작천악

黃金爲地 晝夜六時 天雨曼陀羅
황금위지 주야육시 천우만다라

華 其國衆生 常以淸旦 各以衣
화 기국중생 상이청단 각이의

裓 盛衆妙華 供養他方 十萬億
극 성중묘화 공양타방 십만억

佛 卽以食時 還到本國 飯食經
불 즉이식시 환도본국 반사경

行 舍利弗 極樂國土 成就如是
행 사리불 극락국토 성취여시

功德莊嚴
공덕장엄

復次 舍利弗 彼國 常有 種種奇
부차 사리불 피국 상유 종종기

妙 雜色之鳥 白鵠 孔雀 鸚鵡
묘 잡색지조 백곡 공작 앵무

舍利 迦陵頻伽 共命之鳥 是諸
사리 가릉빈가 공명지조 시제

衆鳥 晝夜六時 出和雅音 其音
중조 주야육시 출화아음 기음

演暢 五根五力 七菩提分 八聖
연창 오근오력 칠보리분 팔성

道分 如是等法 其土衆生 聞是
도분 여시등법 기토중생 문시

音已 皆悉念佛 念法念僧
음이 개실염불 염법염승

舍利弗 汝勿謂 此鳥實是 罪報
사리불 여물위 차조실시 죄보

所生 所以者何 彼佛國土 無三
소생 소이자하 피불국토 무삼

惡趣 舍利弗 其佛國土 尚無三
악취 사리불 기불국토 상무삼

惡道之名 何況有實 是諸衆鳥
악도지명 하황유실 시제중조

皆是 阿彌陀佛 欲令法音 宣流
개시 아미타불 욕령법음 선류

變化所作
변화소작

舍利弗 彼佛國土 微風吹動 諸
사리불 피불국토 미풍취동 제

寶行樹 及 寶羅網 出微妙音 譬
보항수 급 보라망 출미묘음 비

如百千種樂 同時俱作 聞是音
여백천종악 동시구작 문시음

者 皆自然生 念佛念法 念僧之
자 개자연생 염불염법 염승지

心 舍利弗 其佛國土 成就 如是
심 사리불 기불국토 성취 여시

功德莊嚴
공덕장엄

舍利弗 於汝意云何 彼佛 何故
사리불 어여의운하 피불 하고

46

號阿彌陀 舍利弗 彼佛 光明
호아미타 사리불 피불 광명

無量 照十方國 無所障礙 是故
무량 조시방국 무소장애 시고

號爲阿彌陀 又 舍利弗 彼佛
호위아미타 우 사리불 피불

及 其人民壽命 無量無邊 阿僧
급 기인민수명 무량무변 아승

祇劫 故名 阿彌陀 舍利弗 阿
지겁 고명 아미타 사리불 아

彌陀佛 成佛已來 於今十劫
미타불 성불이래 어금십겁

又 舍利弗 彼佛 有無量無邊 聲
우 사리불 피불 유무량무변 성

聞　弟子　皆阿羅漢　非是算數之
문　제자　개아라한　비시산수지

所能知　諸菩薩　亦復如是　舍利
소능지　제보살　역부여시　사리

弗　彼佛國土　成就如是　功德莊
불　피불국토　성취여시　공덕장

嚴
엄

又　舍利弗　極樂國土　眾生生者
우　사리불　극락국토　중생생자

皆是阿鞞跋致　其中多有　一生補
개시아비발치　기중다유　일생보

處　其數甚多　非是算數　所能知
처　기수심다　비시산수　소능지

48

之　但可以　無量無邊　阿僧祇劫
지　단가이　무량무변　아승지겁
說
설

舍利弗　衆生聞者　應當發願　願
사리불　중생문자　응당발원　원

生彼國　所以者何　得與如是　諸
생피국　소이자하　득여여시　제

上善人　俱會一處　舍利弗　不可
상선인　구회일처　사리불　불가

以　少善根　福德因緣　得生彼國
이　소선근　복덕인연　득생피국

舍利弗　若有善男子善女人　聞說
사리불　약유선남자선여인　문설

阿彌陀佛 執持名號 若一日 若
아미타불 집지명호 약일일 약

二日 若三日 若四日 若五日 若
이일 약삼일 약사일 약오일 약

六日 若七日 一心不亂 其人 臨
육일 약칠일 일심불란 기인 임

命終時 阿彌陀佛 與諸聖衆 現
명종시 아미타불 여제성중 현

在其前 是人終時 心不顚倒 卽
재기전 시인종시 심부전도 즉

得往生 阿彌陀佛 極樂國土
득왕생 아미타불 극락국토

舍利弗 我見是利 故說此言 若
사리불 아견시리 고설차언 약

有眾生 聞是說者 應當發願 生
유중생 문시설자 응당발원 생

彼國土 舍利弗 如我今者 讚歎
피국토 사리불 여아금자 찬탄

阿彌陀佛 不可思議功德 東方
아미타불 불가사의공덕 동방

亦有阿閦鞞佛 須彌相佛 大須彌
역유아촉비불 수미상불 대수미

佛 須彌光佛 妙音佛 如是等 恒
불 수미광불 묘음불 여시등 항

河沙數 諸佛 各於其國 出廣長
하사수 제불 각어기국 출광장

舌相 遍覆三千大千世界 說誠實
설상 변부삼천대천세계 설성실

言 汝等衆生 當信是稱讚 不可
언 여등중생 당신시칭찬 불가

思議功德 一切諸佛 所護念經
사의공덕 일체제불 소호념경

舍利弗 南方世界 有日月燈佛
사리불 남방세계 유일월등불

名聞光佛 大焰肩佛 須彌燈佛
명문광불 대염견불 수미등불

無量精進佛 如是等 恒河沙數
무량정진불 여시등 항하사수

諸佛 各於其國 出廣長舌相 遍
제불 각어기국 출광장설상 변

覆三千大千世界 說誠實言 汝等
부삼천대천세계 설성실언 여등

衆生　當信是稱讚　不可思議功
중생　당신시칭찬　불가사의공

德　一切諸佛　所護念經
덕　일체제불　소호념경

舍利弗　西方世界　有無量壽佛
사리불　서방세계　유무량수불

無量相佛　無量幢佛　大光佛　大
무량상불　무량당불　대광불　대

明佛　寶相佛　淨光佛　如是等　恒
명불　보상불　정광불　여시등　항

河沙數　諸佛　各於其國　出廣長
하사수　제불　각어기국　출광장

舌相　遍覆三千大千世界　說誠實
설상　변부삼천대천세계　설성실

言　汝等衆生　當信是稱讚　不可
언　여등중생　당신시칭찬　불가

思議功德　一切諸佛　所護念經
사의공덕　일체제불　소호념경

舍利弗　北方世界　有焰肩佛　最
사리불　북방세계　유염견불　최

勝音佛　難沮佛　日生佛　網明佛
승음불　난저불　일생불　망명불

如是等　恒河沙數　諸佛　各於其
여시등　항하사수　제불　각어기

國　出廣長舌相　遍覆三千大千世
국　출광장설상　변부삼천대천세

界　說誠實言　汝等衆生　當信是
계　설성실언　여등중생　당신시

54

稱讚 不可思議 功德 一切諸佛
칭찬 불가사의 공덕 일체제불

所護念經
소호념경

舍利弗 下方世界 有師子佛 名
사리불 하방세계 유사자불 명

聞佛 名光佛 達磨佛 法幢佛
문불 명광불 달마불 법당불

持法佛 如是等 恒河沙數 諸佛
지법불 여시등 항하사수 제불

各於其國 出廣長舌相 遍覆三千
각어기국 출광장설상 변부삼천

大千世界 說誠實言 汝等衆生
대천세계 설성실언 여등중생

當信是稱讚 不可思議功德 一
당신시칭찬 불가사의공덕 일

切諸佛 所護念經
체제불 소호념경

舍利弗 上方世界 有梵音佛 宿
사리불 상방세계 유범음불 수

王佛 香上佛 香光佛 大焰肩佛
왕불 향상불 향광불 대염견불

雜色寶華嚴身佛 娑羅樹王佛 寶
잡색보화엄신불 사라수왕불 보

華德佛 見一切義佛 如須彌山
화덕불 견일체의불 여수미산

佛 如是等 恒河沙數 諸佛 各於
불 여시등 항하사수 제불 각어

其國 出廣長舌相 遍覆三千大千
기국 출광장설상 변부삼천대천
世界 說誠實言 汝等衆生 當信
세계 설성실언 여등중생 당신
是稱讚 不可思議功德 一切諸
시칭찬 불가사의공덕 일체제
佛 所護念經
불 소호념경
舍利弗 於汝意云何 何故名爲
사리불 어여의운하 하고명위
一切諸佛 所護念經
일체제불 소호념경
舍利弗 若有善男子善女人 聞是
사리불 약유선남자선여인 문시

經受持者 及 聞諸佛名者 是諸
경수지자 급 문제불명자 시제

善男子 善女人 皆爲一切諸佛
선남자 선여인 개위일체제불

共所護念 皆得不退轉 於阿耨多
공소호념 개득불퇴전 어아뇩다

羅三藐三菩提
라삼먁삼보리

是故 舍利弗 汝等皆當 信受我
시고 사리불 여등개당 신수아

語 及 諸佛所說 舍利弗 若有人
어 급 제불소설 사리불 약유인

已發願 今發願 當發願 欲生阿
이발원 금발원 당발원 욕생아

彌陀佛國者 是諸人等 皆得不退
미타불국자 시제인등 개득불퇴

轉 於阿耨多羅三藐三菩提 於
전 어아눅다라삼먁삼보리 어

彼國土 若已生 若今生 若當生
피국토 약이생 약금생 약당생

是故 舍利弗 諸善男子善女人
시고 사리불 제선남자선여인

若有信者 應當發願 生彼國土
약유신자 응당발원 생피국토

舍利弗 如我今者 稱讚諸佛 不
사리불 여아금자 칭찬제불 불

可思議功德 彼諸佛等 亦稱說
가사의공덕 피제불등 역칭설

我 不可思議功德 而作是言 釋
아 불가사의공덕 이작시언 석

迦牟尼佛 能爲甚難 希有之事
가모니불 능위심난 희유지사

能於娑婆國土 五濁惡世 劫濁
능어사바국토 오탁악세 겁탁

見濁 煩惱濁 衆生濁 命濁中 得
견탁 번뇌탁 중생탁 명탁중 득

阿耨多羅三藐三菩提 爲諸衆生
아뇩다라삼먁삼보리 위제중생

說是一切世間 難信之法
설시일체세간 난신지법

舍利弗 當知 我於五濁惡世 行
사리불 당지 아어오탁악세 행

此難事 得阿耨多羅三藐三菩提
차난사 득아뇩다라삼먁삼보리
爲一切世間 說此難信之法 是
위일체세간 설차난신지법 시
爲甚難 佛說 此經已 舍利弗 及
위심난 불설 차경이 사리불 급
諸比丘 一切世間 天人 阿修羅
제비구 일체세간 천인 아수라
等 聞佛所說 歡喜信受 作禮
등 문불소설 환희신수 작례
而去
이거

〈아미타경 원문 끝〉

61

사경발원문(寫經發願文)

위대하고 자비하신 부처님!

오늘 제가 지극한 마음으로 사경을 하오니 이 사경 공덕(功德)으로 돌아가신 조상님, 부모님, 일가친지, 이웃 모두 왕생 극락하시고, 저와 가족, 인연 있는 모든 분들이 마음의 평안을 얻고, 슬픔과 고통에서 벗어나 기쁨과 행복을 누리기를 기원합니다.

자비하신 부처님!

감로의 법수(法水)와 진리의 등불을 밝혀주신 부처님,

병이 든 이는 쾌유를, 사업하는 이는 사업 성취를, 학생들에겐 마음의 안정과 지혜를, 취업을 원하는 이에게는 좋은 직장을 얻게 해 주시고, 모든 이들의 소원이 이루어질 수 있도록 가피 내려주시옵소서.

오늘 제가 지극 정성으로 베껴 쓴 사경 공덕으로 복과 지혜가 자라나서 이 경전을 만나는 모든 이들이 몸과 마음 밝아지고, 부처님 법(佛法)을 깊이 깨달아 마침내 성불하기를 진심으로 발원합니다. 또한 부처님의 가르침을 이웃에 전하여 이 땅이 불국토가 될 수 있도록 가피 내려주시옵소서. 자비롭고 위대하신 부처님, 저의 지극한 기원을 받아 주시옵소서.

나무 석가모니불

나무 석가모니불

나무 시아본사 석가모니불.

민족사 사경 시리즈 ❸

아미타경

초판 1쇄 인쇄 | 2023년 8월 10일
초판 1쇄 발행 | 2023년 8월 15일

펴낸이 | 윤재승
펴낸곳 | 민족사

주간 | 사기순
기획홍보 | 윤효진 영업관리 | 김세정

출판등록 | 1980년 5월 9일 제1-149호
주소 | 서울 종로구 삼봉로 81 두산위브파빌리온 1131호
전화 | 02)732-2403, 2404 팩스 | 02)739-7565
홈페이지 | www.minjoksa.org
페이스북 | www.facebook.com/minjoksa
이메일 | minjoksabook@naver.com

ⓒ 민족사 2023

ISBN 979-11-6869-035-6 03220

민족사에서 펴낸 사경 시리즈

《금강경》은 지혜를 성취시켜 주는 경전,
두뇌를 명석하게 해 주는 경전이고,
《아미타경》은 돌아가신 부모님이나 조상님 등 가족의
왕생극락을 발원하는 경전이고,
《관음경(관세음보살 보문품)》은 사업 번창, 소원 성취 등
복덕을 증장시키는 경전이고,
《부모은중경》은 부모님의 은혜를 생각하고 갚는 경전입니다.
저마다 현재 가장 간절한 소원에 따라
경전을 선택해서 사경을 하면 더욱 좋습니다.